शैली अग्रवाल

ISBN 979-8-88733-612-1

कोई भी शुभ कार्य करने से पहले भगवान के साथ मां पिताजी का नाम लेती हूं, और जैसे कि यह मेरी प्रथम पुस्तक प्रकाशित होने जा रही है।

और मेरी माता जी मेरी आदर्श है तो मैं अपनी इस पुस्तक में सर्वप्रथम पहली कविता मां को समर्पित करना चाहती हूं। और अपने आराध्य भगवान शिव को समर्पित करती हूं॥ आपका आशीर्वाद हमेशा मुझ पर बना रहे

अनुक्रम

काव्य एवं रचनाएं

मां

हर वक्त देती हो मां, आप जैसा कोई अमीर नहीं है।
कुछ दे सकूं आपको, इतनी मेरी औकात नहीं है,
हिंदी संस्कृत की गुरु हो, ओर मैं आपकी बेटी हूं।
ये जीन मां आपसे मिला है, जो थोड़ा बहुत कुछ लिख
लेती हूं॥

शिव

शिव से ही आरम्भ है, इस सृष्टि का प्रारंभ है।
"जटाओं में गंगा, मस्तक पर शोभित चंद्रमा,
गले में सर्प हार है, हनुमान जिनके अवतार हैं।
कैलाश में जिनका वास है, शिव-शक्ति के पास है,
तीन लोक के स्वामी है, शिव तो अंतर्यामी है।
मृत्यु पर पाते जय है, शिव तो मृत्युंजय है,
शिव ने विषपान किया, सृष्टि को जीवनदान दिया।
शिव ही तो ओंकार है, वो तो निराकार है,
ॐ ही पंचतत्व है, पंचतत्व में भगवान है।
होता उनका कल्याण है, जो लेते शिव का नाम है॥"

तुम पढ़ी लिखी

"तुम पढ़ी लिखी, मैं अनपढ़ सा,

तुम चंद्रमुखी, मैं श्यामल सा,

तुम फूल गुलाब, मैं मंडराता भंवरा सा,

तुझसे ही तो जीवन मेरा जीवन सा।

मैं खुली किताब, तुम पढ़ लो मुझको पूरा सा।

तुझसे प्रेम कर बैठा दिल, दिल क्या जाने,

कौन पढ़ा लिखा कौन अनपढ़ सा।

तुझसे मिलन का ख्वाब रह गया अधूरा सा,

क्योंकि तुम पढ़ी लिखी, मैं अनपढ़ सा॥"

मेरे प्राणाधार

"पावन पुलकित मन मंदिर में विराजमान हो तुम,

खिल खिलाती अधरों में छिपी मुस्कान हो तुम।

मेरी हर व्याधि का सुरक्षा कवच हो तुम,

तुम से ही मेरी शान है, मान है, सम्मान है।

मैं बूंद बारिश की, बरसता बादल हो तुम,

इस प्रेम भक्त शैली के प्राणाधार हो तुम॥"

अमृत प्याले

"अहंकार को तोड़, तेरी हर गलती को माफ किया,
पर तूने दिल दुखा-कर अपना रास्ता साफ किया।
मोह-माया के आवेश में, गर्त में ना गिर जाना,
आईने में देख सको, इतना सम्मान बचाना।
धन दौलत का क्या है? उसे है आना जाना,
गरीब सुदामा को भी राजपाट था पाना।
अहंकार और झूठ किसी का ना सगा हुआ,
रावण, कंस हो या कौरव सब को झुका दिया,
छल, कपट, स्वार्थ सब विष के नाले हैं,
निस्वार्थ, निश्चल शक्ति बनकर पीने अमृत प्याले हैं।"

सिर् फिरी सहेली

"तुम कौन हो मेरी, ये उलझ रही एक पहेली है,
मेरे मन की सीपी में, तेरी यादों का एक मोती है
तेरी राहों में आज भी, जला रखी एक ज्योति है,
लौट आ, तुझ बिन ये पगली बहुत अकेली है।
इंतजार के सब्र मे, दिन महीने बीत चले,
आलिंगन से रिक्त क्यों, तेरी मेरी हथेली है।
तेरे बिना भी प्रीत हम, तुझसे ही कर रहे,
बता मुझ जैसी, कौन तेरी सिरफिरी सहेली है॥"

बचपन से जवानी

"एक था बचपन एक है जवानी,

दोनों की अलग-अलग कहानी,

वो कागज की कश्ती बारिश का पानी,

ये इश्क, मोहब्बत, और यादों की रवानी,

वो कंचे की बोतल संतरे की टॉफी

स्कूल की पढ़ाई दोस्तों से लड़ाई,

मस्ती में मस्त पापा की बिटिया रानी,

अब हाथ में जाम मेज पर पकवान,

और इंतजार कब हो मौसम रोमानी।

बचपन में जिद थी जल्द बड़ा होने की,

अब तमन्ना है फिर से बचपन जीने की,

ये एक दिल से दो दिलों तक की है कहानी।

एक था बचपन एक है जवानी॥"

समय चक्र

"कभी पतझड़ तो कभी बसंत को आना है,
आज बह रहा आंख से दर्द का झरना,
कल खुशी के मोतियों को भी आना है।
आज छा रहा घनघोर अंधेरा,
कल फिर सवेरा होना है,
मत घमंड कर तू इस जिंदगी का,
यह चार दिन की चांदनी है
कल अमावस्या को भी आना है,
यह समय चक्र है, आज तेरा है
कल मेरा नम्बर भी आना है,
कभी पतझड़ तो कभी बसंत को आना है।।"

प्रेम रसिक

"चंचल चितवन सुरम्यम तेरा यौवन,

मृदुल मुख, हस्त-पद नख कटीले लोचन।

झर-झर झरने सी देख निर्मल काया,

आज नतमस्तक हो गया है दर्पण।

मेरे मन मंदिर की तू हैं देवी,

मैं प्रेम-पुजारी, मेरा सब कुछ तेरे अर्पण।

बरस से एक अरस हृदय की, छम छम करती तू डोले मेरे
आंगन।

स्पर्श से तेरे, मेरा अंग अंग हो जाए पावन, अधरों से तुम
पुष्प खिलाती।

जैसे बिन बादल बरसे सावन,

मैं प्रेम रसिक तुम मेरी राधा।

मेरी तुझसे लगन तु मुझमें मगन,

बस जा तू मेरे हृदय भवन, आज बना दे इसे वृंदावन॥"

लेखनी

"उठा लेखनी आज फिर कुछ लिख रही हुं
लिखते लिखते मैं तुम्हें जी रही हुं।
तुम याद क्यो इतना आते हो,
खुद सवाल कर खुद जवाब दे रही हुं।
मेरे दिल मे घर बनाकर तुम रहने लगे,
पर तुझमें अपने को कहीं खोज रही हुं।
उठा लेखनी आज फिर कुछ लिख रहीं हुं,
तुम्हारी खामोशी से खामोश हुं मैं,
पर ख्यालो मे तुमसे संवाद कर रही हुं।
इस खामोश प्रेम से प्रीत कर,
मैं अपना यौवन जी रही हुं,
उठा लेखनी आज फिर कुछ लिख रही हुं॥

 तुम पढ़ी लिखी मैं अनपढ़ सा

कोयल (लाकडाऊन विशेष)

"आज अरसों बाद कोयल कुह कुह बोलने लगी,

कानों में मीठा रस घोल मुझसे कुछ कहने लगी,

आज तु इंसान अंदर मैं बाहर रहने लगी,

कल जो मेरे छांव के आशियाने थे,

तुने काट अपने बना डाले,

आज तू उन्हीं में कैद और मैं खुले आसमान में उड़ने
लगी।

अब ना फैक्ट्री का धुआं है, ना मोटर गाड़ी का शोर है,

आज सड़कों पर घूम रहा मोर है।

आज पशु पक्षी का शोर, और इंसान मौन हैं।

आज मैं आजाद, और तू पिंजरे में कैद है,

आज मिट्टी के इंसान की पोल खुलने लगी,

शांत बैठा है आदमी और कोयल बोलने लगी,

कानों में मीठा रस घोल सच कहने लगी,

आज कोयल फिर कुहं कुहं बोलने लगी॥

गृहणी

गृहणी नहीं बनूंगी, जो आज हूं वही करुंगी,

यही सोचकर खुश थी, पर क़िस्मत पलट गई।

जो बेटी, बहिन, मौसी थी अब वो बहु, बीवी, मां बन गई।

बच्चा घर जिम्मेदारी है, तुम्हीं को संभालनी है।

मेरे सपनों ख्वाहिशों की अलमारी टूट गई,

परिवार की चाबी हाथ में थम गई।

और मैं गृहणी बन गई,

आत्मनिर्भर, आत्मविश्वासी बस अब शब्द रह गये,

जो अपने थे वो भी जाने कहां खो गए,

जिन्दगी बदल गई, आज मैं गृहणी बन गई।

दोस्तों की भीड़ थी, मेरे गले में भी आवाज थी,

आज अकेली मौन हूं, ना दोस्त ना मैं, 'मैं' हूं।

अंदर एक खामोशी ओर मेरी अकेली गृहणी है,

जो संग मेरे चल रही है। जाने मैं कहां खो गई,

आज मैं गृहणी बन गई॥"

 तुम पढ़ी लिखी मैं अनपढ़ सा

पतंग

आज सावन आया याद मेरे बचपन की लाया,

वो मेरे बचपन का अडकपन,

थोडी मस्ती ओर वो जिद्दीपन,

लड़की थी पर पतंग उड़ाया करती थी,

ये मेरा जूनून था जिससे मिलता बड़ा सुकुन था!

वो मेरा चुपके से छत पर जाना और पतंग का उड़ाना,

मम्मी का डांटना ओर मेरा झट से पतंग को नीचे उतारना!

रक्षाबन्धन आती ओर सुबह से छत पर जाती,

भैया जीजी साथ होते थे,

ओर पतंग उड़ी मेरी देखा करते थे,

पापा भी मस्त थे काँटे काँटे चिल्लाते बड़ा जबरदस्त थे!

वो सीढी पर चढना तो कभी पड़ोसी की छत पर कूदना,

कटी पतंग को पकड़ना मानो दुनिया भर की खुशी का
मिलना,

शैली ने पतंगे बहुत उड़ायी पर बाजार से कभी ना लायी,

40-40 पतंगे लूटी महीना नही पूरे साल भर उड़ायी,

और इतने मे फिर दूसरी रक्षाबन्धन आयी!

तब तो पतंगो के भी नाम हुआ करते थे,

कभी चाॅद, लहर तो कभी तिरंगा पुकारा करते थे!

वो दिन अब जुदा मुझसे हो गये,

अब तो शहर भी अपने बदल गये!

ना यहाँ रंग बिरंगा दिखता आसमाँ है,

ना मेरी पतंगो का कारवाँ है,

ना यहाँ कोई काटी-बो चिल्लाता है,

ना बच्चो का हल्ला है ना मेरा वो मौहल्ला है,

ना मेरी यहाँ पतंग है ना डोर,

एक छोर पर हम है दूसरे पर कोई ओर!

बचपन कभी लोटकर किसी का आता नही,

बस प्यारी यादे है उन्हे दिल से कभी दूर किया जाता
नही!!

 तुम पढ़ी लिखी मैं अनपढ़ सा

शेरनियां

जब एक कोमल लड़की का जन्म हुआ,

सुंदर यौवन बनकर फिर उसका विवाह हुआ,

पत्नी बन फिर मां का दर्जा उसे प्राप्त हुआ,

मां उपरांत मन उसका बड़ा दुखी हुआ,

क्योंकि सुंदर यौवन तन उसका बिगड़ गया।

पेट पर स्ट्रेच मार्क्स ने घर बना लिया,

कभी न मिटने वाला निशान प्राप्त किया।

क्यों इनसे इतना शर्माती हो,

क्यों बार बार इन्हें छिपाती हो।

एक बात **शैली** तुम्हें समझाती है-

"अरे हम लड़कियां नहीं शेरनिया है,

ये पेट पर पड़ी धारियां हीं तो,

हमारे शेरनी होने की निशानियां है"॥

वृक्षारोपण

भटक रहा है आदमी आज कुछ सांसे खरीदने को,

ऑक्सीजन कितनी जरूरी है जिंदगी जीने को,

मुफ्त की सांस तुम्हें रास ना आई।

ऊंची ऊंची बिल्डिंग के लिए कर दी पेड़ो की कटाई,

आज प्रकृति ने ही तुम्हें उसकी कीमत बताई।

अब तो संभल जाओ, प्रकृति को बचाओ,

और देश में वृक्षारोपण को बढ़ाओ।

आज पर्यावरण दिवस पर, अपने घर आंगन एक पौधा लगाओ।

पर्यावरण विशेष

आज धूमिल हो रहा आसमां भी,

काले धुएं की रात से।

बचा लो अपने घर की छत को,

लाकर एक पौधा बाजार से॥

आईना

एक आईना ही सच्चा था,
उस पर भी कब्जा ओस का हो गया।
हम मिलने चले खुद से,
ओर चेहरा मेरा धुंधला हो गया॥

बचपन की दोस्ती

"आज बहुत दिनों बाद प्रिय सखी से बात हुई,
दिन-महीने नहीं सालों बाद हुई।
कुछ मैंने कहीं कुछ उसने सुनी,
एक दूजे से दिल की हर बात हुई,
दिन स्कूल के बहुत याद आए,
पुरानी सखियों से भी बातों में मुलाकात हुई,
घर परिवार यारी दोस्ती बेशुमार हुई,
प्यारी बातों में जाने कब सुबह से शाम हुई,
आज समझ में एक बात आई,
बचपन की दोस्ती निस्वार्थ हुई,
आज बहुत दिनों बाद प्रिय सखी से बात हुई॥"

कौन है वो

पूछते हैं सब नाम मुझसे,
कौन है वो जिसने तुम्हें शायर बना दिया?
खामोश हूं मैं, कहीं जल ना जाए लोग मुझसे
जिसने मुझे मुझसे मिला दिया॥

बात है खोटी

झूठा खाने पीने से प्यार बढ़े, ये बात है खोटी।
फिर क्यों है आज वो मुझसे रुठी,
जिसने पी थी कभी मेरी चाय झूठी॥

गर्मी की दोपहर की नींद

गर्मी की दोपहर की नींद जैसी हो तुम।
आंखें बंद करते ही आ जाती हो,
कितना भी मैं छूं लूं पानी,
बिन पिये ना प्यास बुझाती हो॥

पढ़ने का बहुत शौक़ है॥

लफ़्ज़ तो मेरे अब तुमसे कभी कुछ ना कहेंगे,
पढ़ सको इन आंखों में, तो बात कुछ और है,
सुना है तुम्हें पढ़ने का बहुत शौक़ है॥

भावनाओं पर नियंत्रण

स्मृतियों में छाए रहते है वो,
जब भी उनसे मिलकर आऊं।
हृदय में टीस उठती है,
एक बार फिर से मिलने जाऊं,
शैली पूछें बताओ ना,
भावनाओं पर कैसे नियंत्रण पाऊं?

मधुबन

कहीं चुभ ना जाए कांटा मेरे प्यार को,
इसलिए देती नहीं मैं, गुलाब अपने यार को
खुशबू जिसकी रम जाती है, मेरे तन मन को
क्या गुलाब दूं मैं, ऐसे मधुबन को॥

गुलाब शायरी

गुलाब सिर्फ फूल नहीं, एक एहसास है,
ख़ामोश लबों की यही एक आवाज है।
पढ़ कर मेरे शब्दों को, एक बार चूम लेना,
मेरी शायरी को ही, तुम गुलाब समझ लेना।

चोट इश्क में

मेरी आंखों से लबों तक पानी की एक नदी बहती है।
लोग आंसू कहते हैं,
पर मोहब्बत में लगी चोट है, जो रिसती रहती है।

हम वही पुराने हैं

ख्याल नये, पर हम वही पुराने हैं,

शहर नया, पर दोस्त अच्छे वही पुराने है।

कपड़े पुराने छोड़कर नये खरीद लिए,

पर कहां नये दोस्तों में, वो किस्से पुराने हैं,

जमाने के साथ बदलना अच्छा है,

पर जो अपनों के लिए बदला,

वो दिल दिमाग से थोड़ा कच्चा है।

हम तो जहां जगह मिली, वहां महफ़िल जमा लेते हैं,

किस्से अपने सुनाकर, वक्त पुराना जी लेते हैं।

खुश है कि, थोड़ा ज़मीन से जुड़े हैं हम,

वरना तो घमंड ने, अपनों से नजदीकी कर दी हैं कम।

बदल गए वो, जिन्हें बदलना था,

शैली आज भी वही हैं, जहां उसे होना था।

ख्याल नये, पर हम वही पुराने हैं,

याद आते बहुत, वो गुज़रे जमाने हैं॥

मेरे दिल की गहराइयों से

विचित्र बात

कितनी विचित्र यह बात है,
कोई प्रेम के समंदर में गोते खाता है।
कोई एक बूंद ओस से भी, वंचित रह जाता है।
क्यों सबके लिए प्रेम की अलग भाषा है,
शायद इसीलिए समंदर में रहकर भी चातक प्यासा है॥

प्रेम पूजा से पेट पूजा तक

तुम उत्तर दिशा की रानी हो,
मैं दिशा दक्षिण का एक मुसाफिर।
तुम चंद्रमुखी सा उजियारा,
मैं काली रात सा अंधियारा।
देश बड़ा पर बात है छोटी,
तुम खाती बथुआ, मेथी की रोटी।
पर नसीब में मेरे अक्की रोटी,
क्या तुम मेरे साथ निभा पाऊगी।
मक्का की रोटी साग छोड़कर,
सागू संग उत्तपम खा पाऊगी॥

गाल गुलाबी कर देते हो

अधरों से अपने पल भर में ही,

मेरे गाल गुलाबी कर देते हो,

मैं निज नियंत्रण खो देती हूं,

जब खुशबू मेरी तुम लेते हो।

प्रेम-रस में मुझे भिगोकर,

क्यों मंत्रमुग्ध करते रहते हो?

ख्वाब के जैसे आते हो, फिर शीघ्र चले जाते हो,

क्यों क्षण भर ही, तुम मुझे प्रेम करते हो॥

सूरजमुखी के बाग

सूरजमुखी के बाग में खिल गया एक गुलाब,

खुशबू से उसकी महक गया पूरा बाग,

खिल गया मुखी-मुखी उस गुलाब को देखकर।

पर किसी ने ना पूछा उससे,

क्या खुश है तू इस बदलाव को देखकर॥

काश शब्द मेरे

अल्फ़ाज़ लबों तक आकर रुक जाते हैं,

शायद वो कुछ तुमसे कहना चाहते हैं,

आज भी सांसें गहरी हो जाती है

जब सामने आकर वो ठहर जाते हैं,

काश शब्द मेरे तुम्हारे दिल तक जा पाते,

जो हम कह ना सके, वो सब तुम सुनपाते॥

दिल का बचत खाता

अरे फ़िज़ूल थोड़ी हो तुम,

जिसे हम फुर्सत में खर्च करेंगे।

तुम तो हमारी पहली तनख्वाह हो,

जिसे हम दिल के बचत खाते में शेष रखेंगे॥

वृक्ष चन्दन

ठिठुरती सर्दी में मेरे कम्बल हो तुम,
सिमट जाऊ मैं तुझमे ऐसे।
वृक्ष चन्दन पर सांप लिपटा हो जैसे॥

बरस रहा पानी है

सुनो आज मौसम कितना रूमानी है,
बरस रहा फिर पानी है,
चाय लिए तुम थोड़ा करीब बैठो मेरे,
थोड़ी अभी तो बची हममें जवानी है।
याद आ रही आज वो सच्ची कहानी है,
जब बरस रही तेज बरसात थी,
मैं आगे और तुम स्कूटी पर पीछे बैठी थी,
ठंडी हवा, तेज बारिश और
तुम चिपक कर, कैसे मुझमें सिमटी थी।
आज मौसम वही है, पर ये किस्सा बन गया एक कहानी है,
चलो ना आज फिर वही लम्हा जीते हैं,
तुम चिपक कर बैठना हम स्कूटी चलाते हैं,
अरे अभी थोड़ी तो बची हममें जवानी है,
आज फिर मौसम वहीं रोमानी है,
देखो बरस रहा पानी है॥

कुंज गली

तू सजी-धजी सी राजकुमारी,
मैं बिखरा बिखरा प्रेम पुजारी।
तू महलों में करती उजियारा,
मैं कुंज गली का कृष्ण दुलारा॥

आकर्षण से समर्पण

तुम प्रेम झूठा जताती रहना,
मैं कविताएं सच्ची लिखती रहूंगी।
आकर्षण से समर्पण तक की, एक किताब लिखूंगी,
उसका शब्द शब्द तुम्हें अर्पण करूंगी,
अधूरी हूं अभी, उस दिन पूरी कवित्री बनूंगी॥

होठों की प्यास

कल रात मैंने उससे कहा मुझे बहुत प्यास लगी है,
आज सुबह वो बोली सुनो,
होठों पर मेरे ओस की एक बूंद गिरी है।

पहाड़ से दिन

आंखों के मूंदकर कपाट,
चली आती हो ख्वाबों में चुपके से,
रातें तो कटती है राई सी,
पर दिन नहीं कटते पहाड़ से॥

तेरी राह

एकाकी प्यार कोई तुझे करके तो देखें,

मेरी चाहत जितना कोई तुझे चाह कर तो देखें,

थक जाएगा वो इंतजार करते-करते,

मेरी तरह कोई तेरी राह, तक कर तो देखें।

अनदेखी मुलाकात

एक बादल भेजा है, अपने शहर से तेरे शहर में,

जब आओगी तुम बालकनी में चाय पीने।

वो भी आएगा धीरे से तुमसे मिलने,

उसकी कुछ बूंद हाथों से अपने छू लेना,

और बिन मिले ही मुझसे तुम मिल लेना॥

बहाने

अरे एक ही बार कह दो ना हमसे,
कि अब दिल भर गया है तुमसे।
क्यों हर बार कम कर रही हो,
बहाने अपनी लिस्ट से॥

तेरा ख़्वाब

ये रूपरंग-हुस्न, इश्क-प्रेम सब व्यर्थ लगता है,
मेरे मन मंदिर में जब तक तेरे दर्शन ना हो,
ख़्वाब में तेरा ख़्वाब आना भी खंडित लगता है॥

आंखों में पानी

कैद हो तुम मेरी आंखों की सलाखों में,
आजाद तो कर दे हम तुम्हें एक पल में।
पर लोग पूछ ना डालें बातों ही बातों में
क्यों हर वक्त पानी रहता है?तुम्हारी आंखों में।

तरकीब

जब से कोशिश की है उसे दिल से भूल जाने की।
तब से, मेरी सोच, कलम, अल्फाज़ सब रूठ गए मुझसे,
कोई तो तरकीब सुझाओं फिर से इन्हें मनाने की॥

खैरो खबर

कभी जो ज़िंदा हो कहकर, लेती थी मेरी खबर,
अब मुझको ही उसकी खैरो ख़बर नहीं मिलती।
दुनिया से मिलती है वो, पर मुझे नहीं मिलती,
वो जो मेरी शायरी की जुबां थी,
अब वो ही मेरी आवाज़ नहीं सुनती,
ज़हन में जो कैद हैं शब्द मेरे,
अब उनमें आजादी की कोई उमंग नहीं मिलती,
मसरूफ़ है सब, कि किसी को किसी की खबर नहीं
मिलती॥

प्यार का कदम

गर होने लगे प्यार किसी से,
तो संभलकर रखना कदम।
एक गलती की सजा बस इतनी है,
प्यार इश्क सब पल भर में खत्म॥

हिंदी दिवस

वक्ताओं का अभिमान है हिन्दी,
श्रोताओं की शान है हिन्दी।
हिन्दी से ही हिंदुत्व है,
हर हिंदुस्तानी की पहचान है हिन्दी॥

थकी थकी पलकें

तुम्हारी थकी थकी पलकें सहलाऊं मैं एक रात,
और तुम सो जाना बस पकड़कर मेरा हाथ।
चांद से कह दूंगी मैं, तू मत आना उस रात,
सुकून से सो रहा है आज, यार मेरा पकड़कर हाथ
काश मेरा ये सपना पूरा हो जाए किसी रात॥

 तुम पढ़ी लिखी मैं अनपढ़ सा

तुम क्यों गए छोड़ कर(गीत)

तुम क्यों गए मुझे यूं छोड़ कर,

सोचा ना एक पल भी मेरे लिए,

कैसे रहूंगी मैं तुम जो गए यूं मुंह मोड़ कर,

तुम क्यों गए मुझे यूं छोड़ कर।

ये यादें मुझे बहुत रुलाती हैं,

कैसे जियो में ऐसे रो-रो कर,

बैठी हूं मैं अब भी राहों में,

आओगे तुम एक दिन फिर से मेरी बाहों में,

कैसे जियूं मैं तेरे बिना,

एक खता की ना दो तुम इतनी सजा।

बता दो एक बार लबों से, खुश हो तुम मेरे बिना,

तुम क्यों गए मुझे यूं छोड़ कर,

तुम क्यों गए मुझे यूं छोड़ कर॥

ख्वाबों का सफर

जितनी शिद्दत से लिखती हूं मैं तुम्हें,

उतनी ही शिद्दत से पढ़ते हो तुम मुझे,

क्यों आते हो ज़हन में मेरे बार-बार,

रह गया है शेष अगर, तेरे दिल में मेरे लिए प्यार,

तो आकर आज ख़्वाबों में, बता दो ना यार।

मेरे ज़हन से तेरे ख़्वाबों तक का इतना सफ़र है

मेरी बंद पलकों में मेरे यार का घर है॥

मोहब्बत की वैक्सीन

कोई तो खोजें वैक्सीन मोहब्बत की,

यहां इश्क़ में लोग मरते बहुत है।

दवा भाप काढ़ा सब बेअसर है,

यहां इश्क़ के बीमार, मरीज बहुत है॥

अनमोल लम्हे

ज्यादा नहीं बस कुछ अनमोल लम्हों का मेरा सामान,

तुम्हारे पास है वो मुझे लौटा दो ना॥

तेरी बाहों के तकिए पर मेरा सोना,

वो तकिया मुझे वापस कर दो ना,

मेरे पैरों पर तेरे पैरों का लिपटकर निंदिया लेना,

वो नींद मेरी मुझे वापस कर दो ना,

मेरी बाहों का तेरी कमर पर सोना,

वो बिस्तर मेरा मुझे वापस कर दो ना,

तेरी सांसों का मेरे कानों को सुनाएं देना, औ

वो आवाज अपनी मुझे लौटा दो ना,

ज्यादा नहीं बस ये मेरे अनमोल लम्हें,

पास अपने संजोकर मुझे दे दो ना॥

स्पर्श स्पंदन

कल फिर से तुम मेरे सामने आकर बैठो ना,
एक बार फिर उसी नजर से मेरी तरफ देखो ना
तेरा मुझे देखना और मेरी आंखों का शर्माना,
हाय, इन आंखों को फिर से दायां बायां होने दो ना
थोड़ी नजर अपनी झुका लो,
मुझे भी तो तुमको देखने दो ना,
इस खामोशी की कोठरी से निकलकर,
मेरे साथ बातों के मेले में चलो ना।
मेरी हथेली को अपनी हथेली का आलिंगन करने दो ना,
एक दूजे के अंतर्मन में फिर से, स्पर्श का स्पंदन होने दो ना।
हे कुछ तो बोलो ना?

डिक्शनरी

तेरी और मेरी चाहत में बस फर्क इतना है,
तेरे दिल दिमाग में, मेरा ख्याल आता नहीं।
और मेरे दिल दिमाग से, तेरा ख्याल जाता नहीं,
मेरे दिल की डिक्शनरी में, तेरे नाम के सिवा कुछ नहीं,
और तेरी डिक्शनरी में, मेरे नाम का कोई अर्थ नहीं॥

प्रतिबिंब

मेरे चिन्तन मनन में पल पल आगमन तुम्हारा रहता है,
बिन छुए बिन देखे भी एहसास सुहाना रहता है,
दिन क्या, रात क्या, अब हर क्षण आंखों में प्रतिबिंब
तुम्हारा रहता है।

बिखरे बिखरे

कज़रा, काजल, मसकारा लगाकर निकल पड़ी वो,
गली गली तहलका मचाने को,
हम तो बिखरे बिखरे ही भले हैं
घर में बवाल मचाने को॥

दर्द

जो सोचते हैं उन्हें कोई फर्क नहीं पड़ता।
किसी का दिल दुखाने से।
खुदा भी खफा रहता है,
ऐसा सोचने वालों से,

एंटीबॉडीज

तबीयत उनकी नासाज थी,
सोचा हालचाल जान आते है,
अब खबर आई है हर रोज मिलने आना,
उनके एंटीबॉडीज बनने लगे हैं॥

 तुम पढ़ी लिखी मैं अनपढ़ सा

जिस्मानी मोहब्बत

ये जो तुम उनसे छुप छुप के मिलते हो,
मोहब्बत रूहानी नहीं जिस्मानी करते हो।
रात से सुबह तक का सफर कर चले जाते हो,
तुम जमाने से नहीं खुद से डरते हो।
इश्क़ है तो कबूल कर, यूं बाजारों में जाना बंद कर॥

जाम

अभी तो जाम से जाम टकराया ही था,
कि हवा का झोंका ऐसा आया,
हाथों से जाम छलका, और महबूब के होंठों से टकराया।
बिन पीये ही मैं नशे में झूमने लगी,
जब उसके होठों से टपकती बूंदें, मेरे जाम में घुलने लगी॥

आंधी

एक आंधी आयी सब उड़ा ले गयी,
मुझे छोड़ मेरे यार को साथ ले गयी।
आज भीड़ में भी हम अकेले हैं,
उसके बिन सूने सूने से मेरे मेले हैं॥

शहर में हल्ला

वो दोनों खो गए ऐसे एक दूजे में,
जैसे शाम खो जाती है रात में।
किसी को खबर ना हो, शांत थे वो माहौल में,
पर कान का झुमका बालों में ऐसा उलझा
कि हल्ला मच गया गांव में॥

प्रीत की पीड़ा

मेरा मुझमें कुछ नहीं, सब सौंप दिया है तोय,
जब से लगन तेरी लागी, मैं सुध बुध अपनी खोए,
सब जग जानी, प्रीत करत-करत मीरा जोगन होए
शैली गर ये जानती, प्रीत करे हिरदे पीड़ा होय।
नगर मनादी करवाती प्रीत न करियो कोय॥

सांवली सी छांव

सांवले रंग की परी थी वो,
फूल सी कोमल कली थी वो,
मृगनयनी सी आंखों वाली,
हंसे तो गुलाब की पंखुड़ी थी वो,
गोरे रंग का चांद नहीं, सांवली सी छांव थी वो॥

पायल

छम छम करती मैं डोलूं तेरे आंगन,

आज तोहफे में पायल लाया है मेरा साजन।

ये पायल की रुनझुन नहीं, मेरे दिल का शोर है,

जिसे चुरा ले गया मेरा एक चितचोर है॥

स्वतंत्र प्रेम

"परिवर्तन प्रकृति का नियम"

उसने मुझ पर ही लागू कर दिया,

रूप रंग अपना बदल कर,

मोहब्बत पर अपना कानून लागू कर दिया,

अरे प्रेम तो स्वतंत्र है, उस पर ना किसी का प्रतिबंध है,

कभी खामोशी की जेल में,

तो कभी जमानत पर रिहा कर दिया,

हमने भी तौबा कर लिया,

अब बस कर दिल से अपने कह दिया,

कुछ दूर साथ मेरे चलकर,

उसने रास्ता अपना बदल दिया,

आंखें राह देखती रही,

अब हमने भी इंतजार उसका छोड़ दिया॥

चाय

जो तुम्हें रुलाए तुम्हारा दिल दुखाए,
उसे कहो भाड़ में जा बाय-बाय।
जिंदगी एक है उसके लिए जियो,
जो रोज तुम्हारे लिए चाय बनाये॥

हिंदी का दास

मैं शायर छोटे से दिल का,
तुम बड़े दफ्तर की बॉस प्रिय।
तुम पढ़ती अंग्रेजी किताब,
मैं हिन्दी का दास प्रिय॥

गुलाब

चर्चे हो रहे हैं गली गली में,
लगता है कोई आशिक होकर गुजरा है।
खुशबू से महक रहा है शहर,
शायद किसी शायर का गुलाब गिरा है॥

शायर

इश्क़ दो तरफा हो तो अच्छा है,
वरना तो इंतजार की इंतिहा है।
एक-तरफा प्यार में हम तो शायर हो गए,
चलो अच्छा हुआ, कुछ तो काम के हो गए॥

ढाई अक्षर

ढाई अक्षर का खेल है, प्रेम प्यार हो या इश्क,

किसी की कब्र पर ताजमहल को सजवाया,

तो किसी के इश्क को दीवार में चुनवाया,

मिल गई जिसे मोहब्बत, धरती पर हो उसे जन्नत नसीब।

वरना तो प्यार में रांझा को भी बनते देखा है फकीर॥

दो होठों का जाम

मचल रहा है आज तन मन,
साकी से दो घूंट पीने को।
चल पड़े हैं मेरे कदम,
आज मधुशाला में जाने को,
बीच राह टकरा गयी वो,
तड़प रहा था जिसकी बाहों में आने को,
पास जिसके कभी जा ना सका,
अपने दिल की बात सुनाने को,
आज एक दूजे में ऐसे डूबे,
खबर ना हुई जमाने को,
दो होठों का जाम चख लिया,
कभी ना होश में आने को॥

रिटायरमेंट

बचपन से कब युवा हो गए पता ही ना चला,

याद होगा वो पहला कदम जब ऑफिस में पड़ा,

दिल खुश था, क्योंकि उस दिन मैं अपने पैरों पर था खड़ा।

तब से आज तक घर से दफ्तर, दफ्तर से घर का

आवागमन चलता रहा है,

पर दफ्तर भी मेरा दूसरा परिवार रहा है

काम और चाय की चुस्कीयो के साथ,

हर सहकर्मी का सहयोग मिला है,

पर अब थक चुका हूं थोड़ा आराम चाहता हूं,

पोते पोतियो के साथ खेलकर,

फिर से बचपन जीना चाहता हूं।

जो वक्त पीछे छूट चुका है

उसे आज अपने परिवार को देना चाहता हूं,

शेष जो जीवन बाकी है, आज इस सेवा से निवृत्त होकर,

उस जीवन को जीने की, आप सभी की स्वीकृति चाहता हूं॥

हाथ की मशीन

पहले लोग एक दूसरे से बातें किया करते थे।

कभी फोन पर तो कभी खतों से संवाद किया करते थे,

एहसासों को कलम से लिखकर होठों से पढ़ा करते थे,

कलम तो कहीं लुप्त हो गई,

हाथ की मशीन से Hi, Hello शुरू हो गई,

यह सिलसिला भी खत्म हो गया,

जब से watsapp जिंदगी का हिस्सा हो गया,

अब बातें भी Hmm, ok तक सीमित रह गई,

मार तो दिल पर तब पड़ी,

जब हर जवाब मे गोल गोल Smiley छप गई॥

गीत

लिख रही हूं मैं एक गीत तुम्हें सुनाने को,
याद करोगे तुम भी कभी इस दीवानी को।
भूल गए हो तुम जिसकी, आंखों की शरारत को,
याद आएगी तुम्हें मेरी हर उस शाम को।
हाथ में लेकर बैठोगे जब तुम जाम को,
लिख रही हूं मैं एक गीत तुम्हें सुनाने को।
खुशबू आज भी मेरी, तेरे बदन से आती होगी,
कैसे मिटा पाओगे मेरी उंगलियों के निशान को,
यकीन है मुझे तुम आओगे एक दिन मेरा होने को,
भूला नहीं कहते सुबह जाकर जो आ जाए शाम को,
लिख रही हूं मैं एक गीत तुम्हें सुनाने को॥

काली जुल्फे

"उस रात वो बहुत हसीनं नजर आयी थी,
करीब थी वो मेरे, पर दूर नजर आयी थी
उसके चेहरे पर बिखरी पड़ी काली जुल्फे,
चाँद पर छायी काली घटा नजर आयी थी॥"

मेरा चांद

मेरे चांद को देख आज आसमां का चांद भी शरमा रहा है।
बदरी में छिप-छिप मेरे चांद की मुंह दिखाई को आ रहा है॥

दर्द

"यूं तो दर्द दिल से निकलता नही,
निकल जाये तो रूकता नही।
इस दर्द से इतनी मोहब्बत होती नही,
गर तुमसे इश्क होता नही॥"

तन्हाई

"मैं ओर मेरी तन्हाई, इस तन्हाई को दूर करेंगे हम,

कोई हमसे मोहब्बत करें ना करें,

अब खुद से इश्क करेंगे हम।

दर्द, इश्क, दोस्ती, या जिंदगी लिखुं,

अब अपनी कलम से दिल का हर एहसास लिखेंगे हम॥"

लालच ए ख्वाब

"कल रात ना अखियों मे नींद थहरी,

ना अखियों से नींद गुजरी।

लालच ए ख्वाब मे हमने पलके झपकी,

वो रात का समा रोशन हो गया,

जब मेरे करीब आकर तुम बैठी॥"

मुलाकात

"बस यूं ही उससे मुलाकात हो गई,
धीरे से दो-चार बात हो गई,
जाने कब दिल में एहसास ए शमा रोशन हुई,
और लबों पर वो मेरे आप से तुम हो गई."

शौकीन ए शब्द

"गर पता होता कि तुम शौकीन ए शब्द हो,
तो हम हुस्न ए किताब बन जाते।
पढ़ लेते तुम हमें,
तो तेरी आखों की नींद बन जाते॥"

जवानी

"जवानी में, पैर ना लड़खड़ाए तो जवानी क्या,
भूल से भूल ना हो तो, जवानी रोमानी क्या,
कहते है मोहब्बत बार बार होती हैं,
समझाएं कोई मेरे नादान दिल को,
मुझे क्यों उसी से हर बार होती हैं॥"

प्यार की ओस

"शब्दों को पढ़ने की सुनने की, आदत हो जाए
काश तुझे किसी शायर से मोहब्बत हो जाए,
जैसे बादल बरसता हैं अपनी धरती के लिए,
तेरे प्यार की एक "ओस" मुझ पर भी गिर जाए॥"

गुलाब

"गुलाब को गुलाब भेजा है, खुशबू से अपनी महका देना,
सूख जाए ये अगर, चूमकर लबों से फिर खिला देना॥"

बाहों का सफर

"इश्क है तो छुपाने की जरुरत क्या है,
तेरे बदन पे जो मेरी उंगलियों के निशान है,
उन्हें मिटाने की जरूरत क्या है।
एक दूजे की बाहों में सफर करते रहे,
उस रात मैंने जाना कि जन्नत क्या है॥"

एहसास

"दिल से जो निकल जाये वो एहसास क्या,

नजरों से जो गिर जाये वो यार क्या,

आखियों से ना छलके तो याद क्या,

लफ्जों से जो मुक्कमल हो, वो प्यार क्या।"

दीदार

"क्यो इतनी जल्दी थी, एक पल ओर ठहर जाती,

आपका दीदार अभी बाकी था,

कल जो अधूरा रह गया,

वो एहसास अभी बाकी था॥"

ख्वाब

"खुश तो है, पर कहीं ना कहीं बिखरे से हैं।
लबों पर हंसी, पर आंखों में आंसू छिपे से है,
नींद तो गहरी आई, पर ख्वाब अभी अधूरे से हैं॥"

इजहार ए इश्क

"दूरियां अभी फिलहाल है जो तेरा वो मेरा हाल है,
कल तेरा हाथ थामे मैं इज़हार ए इश्क करूं,
बस मुझे उस पल का इंतज़ार है

अरमान

"कुछ अरमान अभी बाकी है,
आखौं में बंद ख्वाब खोलने अभी बाकी है।
संग मेरे दफन ना हो जाए, तमन्नाओं की कलम,
मेरी अधूरी कहानी का लिखना अभी बाकी है॥"

फाल्गुन

"दरमियान फासले कम कर दो,
रंगहीन दिल रंगीन कर दो।
बिना तुझे रंग लगाये फाल्गुन बीत ना जाये,
रंग-पानी को घोल शुभ-होली कर दो॥"

बारात

"रात का समां और आकाश बना काला सामियाना,
उस पर झिलमिल करते तारे।
ठंडी-ठंडी लहराती हवाऐ,
ओर सर सर सर गीत गाते पेड़ सारे,
मानो आज तो चांद बारात ले निकला है, अपनी चांदनी के
द्वारे॥"

तबीयत

"आज तबीयत मेरी नासाज थी,
ना दवा काम आयी ना दारु कुछ कर पायी।
उन्होंने जब हमारा हाल पूछा, बिगड़ी तबीयत सुधरने लगी,
दवा दारू नर्स सब मुझसे चिढ़ने लगी॥"

मिलन की प्यास

"उनसे मिलने की प्यास को अपने अश्कों से बुझाती हूं।
एक दिन होगा मिलन, यही सोचकर हर अश्क पी जाती हूं॥"

खामोश मोहब्बत

"मुझे तुमसे इतनी खामोश मोहब्बत क्यों है?
इन नज़दीकियों में भी दूरियां क्यों है?
लबों पर खामोशी, दिल सैलाब सा क्यो है?
प्यार, इश्क, मोहब्बत का एक-एक अक्षर अधूरा क्यों है?"

लफ्ज

"लफ़्ज़ जो कह ना सके वह मेरे एहसास कह गए,
वो हिचकते रहे और हम बैठे बैठे मोहब्बत कर गये"

घर

"ऊपर आसमां नीला, नीचे हरी ज़मीं,
बीच में थहरी नदी और उसमें गिरता पानी,
चारों ओर पेड़ों की छैंइया, दूर तक देखे मेरी अखियां।
कानों में पड़े कोयल की वानी, इतना मोहक दृश्यम,
दिखाओ मैं तुम्हें अपनी जुबानी।
यहां तुझ संग हर सुबह हर शाम हो मेरी सुहानी,
यह कल्पना नहीं मेरी, ये सत्य है कहानी,
इस घर में रहता है एक राजा एक रानी॥"

अप्सरा

"एक मैं हूँ एक तू है, और साँसों की गुफ्तगू है,
तेरी नरम बाँहों के घेरे में कोई घिरा सा है।
तेरे बदन की खुशबू में कोई छिपा सा है,
शोर रात का थम सा गया है।
आज वो मुझमें कुछ रम सा गया है,
खामोश तमन्ना फिर मचल गई है।
हर रोज़ मेरे ख़्वाबों में जो तैरती थी,
मेरी अप्सरा हू-ब-हू, तू वहीं है॥

इबादत

"तू संगमरमर की मूरत है,
मेरी आंखों में तेरी सूरत है
देख लिया हमने तू कितनी खूबसूरत है।
जमाने की नहीं, मुझे तेरी जरूरत है
साथ रहे तेरा, खुदा से यही इबादत है,
मैं तेरी कशमकश हुं, तू मेरी चाहत है॥"

मन बेला

"सामने जब भी तुम मेरे आती रही,

आस का एक दीपक जलता रहा

तुम बुझाती रही मैं जलाता रहा,

बंधन में तुम मेरे बंधती रही,

आहो का संगीत सुनाती रही,

चांद जब सूरज होने लगा तुम चली गई,

तो मन अकेला हुआ, तेरी यादों का दिल में मेला हुआ,

जब लौटी तुम नहीं खुशबू में सजीं

मन भी बेला हुआ तन भी बेला हुआ॥"

ऑनलाइन

"इंतजार रहता था मुझे कि कब देगी वो मेरे सवाल का जवाब,

इंतजार रहता था मुझे कब करेगी वो मुझसे online बात,

पर चार शब्दों में सिमट कर रह गया मेरे हर सवाल का जवाब,

Ok, Hmmm, Good, Nice बस यही थे उसके जवाब॥"

फिलहाल

"दूरियां अभी फिलहाल है, जो तेरा वहीं मेरा हाल है।
तेरा हाथ थामे मैं चार कदम चलूं, मुझे उस पल का
इंतजार है॥"

बेइंतेहा

"सांसों जरा धीरे चलो,
उनकी याद मिलने आई है।
धड़कनों की आहट से कहीं चली ना जाए,
आज वो मुझमें बेइंतेहा आई है॥"

हुस्न

"तू पास बैठ, मैं तेरे हुस्न पर तारीफ भरी किताब लिख दूं,
अपनी शायरी का हर अल्फाज तेरे नाम कर दूं॥"

साहिल

"काश की संगत का असर होता,
तो आज उसे भी हमसे इश्क होता,
ना हम साहिल पर बैठे होते,
ना ये यादों का समंदर होता.."

नाराजगी

"कैसी अजीब ये शाम थी कानों में शोर होठों पर खामोशी थी,
सामने मेरे तुम बैठी फिर भी आंखें दरस को प्यासी थी,
देख अनदेखा कर रही, दिल में ऐसी क्या नाराजगी थी।"

अश्रु धार

"अंखियों से बह रही अश्रु धार है
हृदय में हो रही आज पीर अपार है।
रूठी सखी कैसे मनाऊं, टूट रहे सब तार वार है
ना लग रहे आज सुर ना बज रहे सितार हैं॥"

नदी झरने पहाड़

चल फिर कहीं चलते हैं
"नदी, झरने पहाड़ से मिलते हैं
चल फिर कहीं चलते हैं।
शांत बैठी नदी से बतियाते हैं,
ऊंचे खड़े पहाड़ से आंखें मिलाते हैं,
शोर मचाते झरने से हठखेली करते हैं,
चल फिर कहीं चलते हैं
नदी झरने पहाड़ से मिलते हैं॥"

बदलते मौसम

"बारिश तो वही है पर अब वो मौसम नहीं है,

मेरे शहर में गलियां तो हैं, पर जहाज चलाने वाली, अब वो
नालिया नहीं है।

आंगन की नाली बंद करके, जहां बनाया करते थे अपना
सरोवर,

अब घर में वो मेरा आंगन नहीं है।

बारिश में मम्मी का पकौड़े खिलाना,

आज पकौड़े तो है पर शब्द बदल गये,

पहले 'खाते' थे अब 'खिलाते' हैं,

ठंडा खाने में वो मजा नहीं है।

मां को देख-देख मैं भी मां बन गई,

उपाधि तो बढ़ गई, पर अब वो मेरा बचपन नहीं है

बारिश तो वही है पर अब वो मौसम नहीं है॥"

Valentine day पर विशेष

"आज दिन है गुलाब का,

एक दूजे के इश्क ए इज़हार का।

आज ना तुम मेरे लिए फूल तोड़ना,

बस एक पौधा गुलाब का ला देना,

खुशबू से उसकी मेरी बगिया को महका देना,

आज ना तुम सजा गुलाब को देना,

उसे भी है अपने भंवरे के लिए खिलना,

Rose को भी रोज डे मनाने देना,

आज दिन है गुलाब का, एक दूजे के इश्क ए इज़हार का॥"

कोरा कागज़

आज कोरा कागज़ है, तो कल शब्दों से सजी होगी।

ये जिंदगी खुली किताब के पन्नों सी है साहिब,

हवा चले ना चले एक नया पन्ना पलटती रहेंगी॥

कुर्सी

"जाने कब से चादर में लिपटी है हम,

हम भी खुली हवा में सांस चाहते हैं,

बेजुबा है, पर कुछ कहना चाहते हैं,

हम भी मिट्टी से मुखातिब होना चाहते हैं,

महीने गुजरे, तुम्हें अपनी गोद में बिठाना चाहते हैं

कार में पड़ी "कुर्सियां" हैं हम, हम भी बाहें फैलाना चाहते हैं॥"

एकाकी प्रीत

"विरह-वेदना, तिरस्कार सब साथी होय,

गर प्रेम-प्रीत एकाकी होय,

सारी रैना ना नैना सोए,

पतझड़ में भी सावन सी रोये,

गर प्रेम-प्रीत एकाकी होय॥"

बेचैनी

"लफ्ज़ों में कहीं ना जाए, कलम से लिखी ना जाए,
ये मोहब्बत की बेचैनी है "शैली" कैसे बयां की जाए॥"

प्यासा चातक

"तुम ख्वाबों में मिलने आती रहो,
मैं फूलो की सेज सजाता रहूं।,
तुम मंत्रमुग्ध-विभोर करती रहो,
मैं बगिया में फूल खिलाता रहूं,
तुम मेरे गीत का संगीत बनती रहो,
मैं शब्दों में तुम्हें गुन-गुनाता रहूं,
मेघ से धरा का जब हो मिलन,
मैं प्यासा 'चातक' तुम 'स्वाति-नक्षत्र' की बूंद बरसती रहो॥"

चांद मिलन

"आज चांद में लालिमा छाई है,
आकाश ने तारों की सेज सजाई है।
देख ये आज रात भी शर्मायी है,
बादल हथ-खेली कर रहे हैं,
कभी गरज कभी बरस रहें हैं।
मौसम में गर्माहट समाई है,
आज चांदनी अपने चांद मिलन को आई है॥"

प्रेम जाल

"प्रेम जाल में जो बंध जाए निकल ना पाए,
जो निकले तो यादों के भंवर में फंस जाए।
प्रेम बंधन नहीं बंधन से मुक्ति है,
दो आत्माओं के मिलन की शक्ति है।
प्रेम कब हो ये कौन जानता है,
तू कौन मैं कौन क्या पहचानता है।
प्रेम दो श्वासो की एक ध्वनि है,
निस्वार्थ हो तो"श्याम हृदय में राधा रानी है"॥"

निर्मोही प्रियतम

"तड़पत हिय, तड़पत नैन, तड़पत रोम-रोम,
निर्मोही प्रियतम जब से बैर किये,
तब से, हंसी, खुशी, प्रेम सब अर्थ हो गये विलोम॥"

मैं प्रेम प्यासी

"हमसे दूर तुम, किसके इतने पास हो गये,
हंसना खेलना सब इतिहास हो गये।
तुम संग बिताये दिन-रात, याद बन गये,
अंखियन की मुस्कान, अश्रु धार बन गये।
मैं प्रेम प्यासी इंतजार करती रही,
तुम पनघट तक आकर क्यों लौट गये?"

होली

"हवाओ थोड़ा तेज चलो, गुलाल को उड़ जाने दो,
दूर बैठे निर्मोही के गालों का चुंबन लेने दो॥"

पुराना कोई किस्सा

"दिल की बगिया में आज फिर गुल खिल रहा है।
मेरा उसको छूना, क्यों आज मुझे छुऐ जा रहा है,
लबों पे कप-कपाती मुस्कान आय-जाय हो रही हैं
ना जाने क्यों, आज कोई इतना शर्मा रहा है
होश में होकर भी होश खोये जा रहे हैं,
आज पुराना कोई किस्सा, रूह में उतरे जा रहा है।"

अश्क

"जिस दिन तेरी नैनो से, मेरी यादो का एक अश्क गिरेगा।
उस दिन तेरी रगों में, मेरे इश्क का गंगाजल बहेगा॥"

कच्ची कली

"बगिया में खिल रही कुछ कली अभी कच्चियां है,
नजर झुकी तो देखा, पैरों में उनकी बिछिया हैं।
कच्ची कली बगिया में कैसे गुल खिलाएगी
नन्ही पंखुड़ियों से कैसे घर आंगन महकाएगी।
बचपन इन्हें अपना जीने दो,
बगिया के माली को थोड़ा और सींचने दो,
अभी कली कच्ची है, पुष्प तो उसे बनने दो॥"

भारत का जवान

"लाल रंग से होली खेली, बम बारूद से मनाली दिवाली।

एक कदम चल रहा था, दूजे कदम सीने पर गोली खाली।

ना देखी मैंने रंगीन जवानी,

घर इंतजार करती रही मेरी दीवानी,

जब गूंजी घर में नई किलकारी,

जब हंसना चलना शुरू किया,

इन सब एहसासों से मैंने अपने को दूर किया।

मोबाइल नहीं हाथ में बंदूक उठायी,

खाकी पहन अपना हर दिन अपनी हर रात सजाई।

मैं क्या जानु मर्सिडीज ऑडी, मैंने तो जिंदगी ट्रकों में बिताई,

पैरों में सफेद चादर, सिर पर खुला आसमान मिला।

घर की गर्म रोटी नहीं, मैंने तो बर्फ भी खायी,

जवान होते ही 'जवान' बन गया,

मैं भारत मां का बेटा आज भारत पर शहीद हो गया॥

तू कौन मैं कौन

"हजारों दफा मौसम का मिजाज़ बदलते देखा,
एक पल धूप, दूजे पल बरसात को आते देखा।
आजकल इंसान भी मौसमी हो गए,
स्वार्थ में, बिन मौसम बरसात बरस गए,
अन्यथा, 'तू कौन मैं कौन' खामखां हो गए॥

बदलता इंसान

"दौर ऐसा चल रहा है, इंसान इंसान से डर रहा है,

डरना भी जरूरी है साहब इस बहाने राम का नाम मुख से
ले रहा है,

वरना कलयुग में हर इंसान खुद को खुदा समझ रहा है,

प्रभु का यह इशारा है जो बता रहा है,

कद्र करो जो पास है, दूरियों मे वो समझा रहा है।

अपने में तू मस्त है, अपनों के लिए व्यस्त है,

एक कप चाय को भी, तू कल पर टाल रहा है।

आज का यह ज्ञान है, जो पल तेरे पास है,

उसे हंसकर हंसा कर अपनों के संग जी ले

अन्यथा ना तेरी ना मेरी, हाथ में खुद की जान है॥"

अमृत पान

"मंदिर जोड़ें हाथ, मस्जिद में करें इबादत, गुरुद्वारा टेके माथा,
नाम अलग, रूप अलग, पर हम सबका वो एक ही विधाता।
जीत हमारी पक्की है गर आस्था तेरी सच्ची है,
मन में आस प्रभु पर रख पूर्ण विश्वास,
वही संभाले हम सबकी जीवन रस्सी है।
इस वक्त को पार लगाना है,
एकजुट होकर रामसेतु बनाना है।
ये जो मंथन चल रहा है इस पर विजय पाना है,
मिलकर अपनी सृष्टि को, अमृत पान कराना है"

चांद की परछाईं

"आज मुझे फिर तेरी बहुत याद आई थी,
पर शैली, कौन सा पहली दफा आई थी।
आज ये महीना और तारीख-ए-खास थी
क्योंकि फलक से उतर कर आज,
चांद की परछाई आई थी॥"

झुमका

"कानो में तेरे कितना सजता है झुमका,

कभी तेरी जुल्फों में छिपे, कभी तेरे गालों को चूमे,

देखो कैसे हठखेली कर रहा है तेरा झुमका,

मैं इतनी दूर वो कितने करीब है,

बार-बार तुझे छूकर मुझे जलाकर,

कैसे इतरा रहा है तेरा झुमका॥"

जिंदगी एक झूला है

"ओहदे का अहम, सूरत का गुरुर,

पैसे का घमंड ना करना, ओहदे को छूटना,

सूरत को ढलना और पैसे को बट जाना है,

ये कुछ दिन के साथी हैं इनका कभी अहंकार ना करना,

दो बातों का सदा ख्याल रखना,

प्यार का तिरस्कार और गरीब का अपमान ना करना।

यह जिंदगी एक झूला है, ऊपर उठकर नीचे ही आना है,

जमीन से शुरू हुई यात्रा को जमीन पर ही थम जाना है।"

शुभ संकेत

"कोयल कुहू कुहू, चहक रही है,

आज बरसात रोमानी बरस रही है।

मिट्टी की खुशबू, सोंधी सोंधी महक रही है,

फिर से पेड़ों पर हरियाली खिल रही है।

ये प्रभु के शुभ संकेत का इशारा है,

पतझड़ बीत रहा, सावन लौटने वाला है।

कवि

"प्रेम का खुलकर इजहार करने वाला दिल एक कवि का
होता है।

उसकी कविता में, शायरी में, सिर्फ जिक्र उसकी मोहब्बत
का होता है।

प्रेम दर्द याद आसूं, हर एहसास से वोअभिभूत होता है।

उसकी लेखनी का शब्द-शब्द उसके निशब्द प्रेम के लिए
होता है॥"

बारिश

"धरती की प्यास बुझा दी।
आज बारिश ने बरस-बरस कर,
तुम कब मुझे तृप्त करोगी,
आधा बरस बीत गया, तेरी राह देख-देख कर।"

चांद का इंतजार

धूमिल हो गया सूरज भी,
सांझ भी अब रात में भर आई है।
इंतजार है जिस चांद का,
उसकी अभी तलक ना कोई खबर आई है॥

चेहरा मेरा

कौन सा सुकून मिलता है तुम्हें,
देखकर चेहरा बार-बार डी-पी में मेरा।
बैठ जाते हैं जब हम सामने श, आकर तुम्हारे,
तब क्यों, अजनबी सा लगता है चेहरा मेरा?

आखें बोलती रही

अल्फ़ाज़ गुम हो गए सामने जब तुम आए
आंखे बोलती रही पर तुम सुन ना पाए,
लिख दिया तुम्हें, अपनी शायरी में,
पर तुम पढ़ ना पाए, हम सुना ना पाए॥

जश्न ए इश्क

आजकल मेरे शहर का मौसम सजा हुआ है इश्क वालों से,
ठंडी हवाएं, मुस्कुराती बरसात और दुपहरी में ढलती शाम से,
कोई रोके ना, इस मौका है दस्तूर को जश्न ए इश्क
मनाने से॥

उदासी मेरी दासी

उदासी मेरी दासी बन जाती है, तेरी एक मुस्कान से,
अब तू ही बता तेरे सिवा, और इश्क करूं मैं किस से।

चाय में चीनी

जब तलक ना चूमोगे होठों से चाय,
क्या पता चाय में चीनी कैसी है।
ना पूछोगे जब तक हाल मेरा,
क्या पता तबीयत कैसी है॥

मुद्दत से गुम है

मुद्दतों से जो गुम है एक दूजे से,
फिर भी कहीं ना कहीं छुपे बैठे हैं एक दूजे में,
खामोशी से खामोश है एक दूजे से,
कहीं फिर से टूट कर बिखर ना जाएं एक दूजे में।

महिला दिवस पर विशेष

क्यों पुरुष अपने पैरों के नीचे रखता था हर महिला को,
श्री राम ने तो रखकर पैर, मुक्त किया था अहिल्या को,
हे पुरुष, कैसे भूल गया तू इस सृष्टि के समय चक्र को?
हर वर्ग की वर्दी पहने, जो मात देती है मर्दों को,
आज नमन करता है तू ही, हर घर ऐसी महिला को॥

झील सी तमन्नाएं

गर हो तमन्नाएं झील सी,
तो आंखों में नींद भी गहरी रहती हैं।
वरना इच्छाओं के समंदर में,
आंखों में नींद भी तैरती रहती है॥

बदनाम साकी

साकी को बदनाम करते हैं,
कि जाम पिलाती है शराबखाने में।
ये वही आवाज़ है,
जो बहक कर खुद शराब पीती हैं म़यखाने में॥

कातिलाना अंदाज

कातिलाना अंदाज है तुम्हारा,
यूं जहां-तहां पड़े गीले-गीले बालों में।
सवारने की इन्हे भूल ना करना,
कहीं बिखर ना जाए हम,
देखकर तुम्हें अपने ख्वाबों में॥

तस्वीर हमारी

मोहब्बत हो जाएगी तुम्हें हमसे,
गर देखोगे बार-बार तस्वीर हमारी।
हम जिम्मेवारी नहीं नहीं लेंगे,
ये सब हरकतें हैं तुम्हारी॥

प्रभु लीला

"अधरों से छूकर बांस को बांसुरी कर दी,
एक भोली राधा को संतों की वाणी कर दी।
सुरम्यी लय तरंगों से, प्रेम की कहानी रच दी,
एक जोगन के रोम-रोम में बजाकर बंसी।
इस मुरली वाले ने, मीरा दीवानी कर दी॥"

"कृष्ण कन्हैया साथ में गैइयां,
बंसी बजाए, बैठ पेड़ो की छैंइया,
मधु मोहिनी, कामिनी, सलोनी,
राधा चली आ रही दवे पइंया।
मदमस्त हो धुन में आज,
रास रचाए, राधा संग बंसी बजईया।
बिन जोड़े ही दो नाम जुड़ गए, एक राधा दूजा कन्हैया॥"

"मेरे प्रभु हनुमान आज हो रहा तेरा ही गुणगान,
बचा लो इस सृष्टि को दे दो जीवनदान

❖

"हृदय जिनके बस्ते श्री राम है,
हर व्याधि को हरते हनुमान है"

अनदेखा प्रेम

राधा-मोहन के प्रेम का डंका बाजे,
राम-सीता की सब जोड़ी साजे।
भाई लक्ष्मण के सब गुण है गावे,
हनुमान की भक्ति के सब किस्से सुनावे,
शिव-शक्ति दो नहीं, एक ही कहावे,
पर त्याग उर्मिला का, क्यों सब भूल जाते,
जिसने बरस चौदह बिन लक्ष्मण के थे कांटे॥

शैली की शायरी

जिस रात तुम गये थे मुझे अधूरा छोड़ के।
मैं इतंजार में आज भी हूं, उस रात को रोक के॥

* * *

आज किसी ने कहा, तुम्हारी मुस्कान बड़ी प्यारी है,
हमने भी कह दिया हमें इश्क की बीमारी है॥

* * *

तेरे दिल की किताब में सुखा हुआ गुलाब हूं मैं,
छूकर देख लेना कभी, महकता मिलूंगा तुझे आज भी॥"

* * *

मचल रहा है दिल, उसके करीब जाने को।
तड़प रही हो मछली, जैसे समन्दर में समाने को॥"

* * *

तेरा आकर फिर यूं चले जाना, गवारा नहीं मुझे,
तेरा तस्सुवर ही काफी है, इश्क करने के लिए॥"

* * *

कौन से अल्फ़ाज़ लिखुं मैं अपनी कलम से,
जो दिल में तेरे मोहब्बत जगा दे,
तड़प रही हूं सुनने को मैं,
आहों का अपनी, संगीत सुना दे॥"

* * *

"लगता है आज कहीं तूफान आया है,
सुना है, उसने अपनी पलक का एक बाल उड़ाया है॥"

* * *

तेरा दीदार हो तो तबीयत में कुछ आराम आए।
काश ये दूरियां थोड़ा करीब आ जाए॥

* * *

"कभी तुम मुझसे रूठो, मैं मना लूं ये हक दो,
तुम्हारी इजाजत के बिना, तुम्हें गले लगा लूं
ये हक दो"

* * *

"वो जो दूरियों में भी कायम रह गया।
वो इश्क ही था, जो उनके बिना भी उन्हीं से किया॥"

* * *

"आज फिर वही महीना वही तारीख है।
बस तू नहीं है मेरे पास तेरी यादें सारी है॥"

* * *

"किसी ने ना पूछा जब हाल मेरा,
"एक आईना" ही था जो बोला, क्या हाल है तेरा?"

* * *

"मैं मेरी सबसे अच्छी मित्र हूं
जब सब साथ छोड़ते हैं तुम मैं मेरे साथ होती हूं"

* * *

"आज हिचकी बहुत सता रही है,
लगता है किसी को मेरी याद आ रही है।"

* * *

"अल्फ़ाज़ो में मैंने एहसास लिखे,
वो आये और मिटा कर चल दिये॥"

* * *

"ढाई आखर सब्र का करत करत तड़पन होए,
दिन महीने बीत गए, उनकी खबर ना लागे कोए।"

* * *

"शब्दों में खुद को उतार कर लिख रहीं हुं,
जाने किस खामोश शोर से गुजर रही हूं।

* * *

आंतरिक प्रसन्नता एक फूल के समान होती है।
जो अपनी खुशबू से पूरी बगिया को महका देती है॥

* * *

गर मुझसे आज कोई खता हो जाए तो बख्श देना।
सजा बस इतनी मुकम्मल करना कि आखौं से मुस्कुरा
देना॥

* * *

कल शाम उसने मेरी जूठी, एक घूंट चाय पी ली,
अब हम से शिकायत करते हैं, शक्कर ज्यादा थी।

* * *

शहर शहर बैठेंगे आज चार यार, करने हैलो हाय।
ब्रेड, बेसन, बारिश और चाय॥

* * *

एक बेजुबा (Mobile) से सबको जान से ज्यादा प्यार है।
जबां वाले तो आजकल खामोश फिरते हैं॥

* * *

हम सोचते हैं उसे दिल के रास्ते से निकाले,
पर वो हर रोज़ आंखों के रास्ते निकलती है॥

* * *

हम सोचते बहुत हैं, ऐसा वो हमसे अक्सर कहते बहुत है।
अरे मेरे नादान साहिब,
हमारी शायरी के एक-एक शब्द को हमारी सोच की जरूरत
बहुत है॥

* * *

चेहरे पर लगाकर नकाब घर से चल दिए हैं जनाब,
अरे कोई तो रोके इन्हें, शहर-शहर तबाही क्या कम मचा
रहा हैं सैलाब।

* * *

कोइ तो कोई बात करें, तो हम कोई बात करें।
जब ना कोई बात करें, तो क्या कोई बात करें॥

* * *

बहुत गुरूर है तुझे कि कोई तझे कितना चाहता है।
पर ये चाहत किसी रूप रंग कि नहीं,
ये चाहत मेरे दिल की है, जो सिर्फ तेरे दिल को चाहता है॥

* * *

सुनो, बालों को बांधकर यूं एक लट गालों पर ना गिराया
करो,
गली गली दिल फेक घूम रहे हैं,
फिर हमसे ना कहना हम क्यों बहक रहे हैं॥

* * *

क्षणभंगुर के लिए उसका मुझे छूना,
बुझी आग का जैसे, पुनः प्रज्वलित होना।

* * *

मेरे हाथों का स्पर्श उसके रोम-रोम में रमा होगा ऐसे,
बूंद बरसात की समंदर में समा गई हो जैसे॥

* * *

दिल कह रहा है, पूछ ले एक बार उसका हाल कैसा है,
फिर सोचते है, अरे छोड़ कौन सा तेरे जैसा है॥

* * *

लगता है तुझे भी मेरी याद आती है,
इसलिए हर रात मिलने चली आती है।

* * *

तेरे दिल की तिजोरी में, मुझे थोड़ी जगह मिल जाए,
और फिर तुझसे उसकी चाबी खो जाए॥

* * *

चाय मेरी फीकी है, और शक्कर सी हो तुम,
हर घूट के बाद चख लूं, गर इजाज़त दो तुम।

* * *

ना हो जाए इश्क़ दोबारा हमसे तो कहना,
टशन से हमारी थोड़ा बच कर रहना।

* * *

फुर्सत नहीं है तुम्हें हमारे दीदार की।
तो ख्वाबों में ही, बुला लिया करो,
सुना है तुम्हें नींद बहुत आती है॥

* * *

ये गीले गीले बाल, जो तुम्हारे चेहरे पर पड़े रहते हैं।
श्रृंगार तुम्हारा हो जाता है, पर हम बिखरे बिखरे रहते हैं॥

* * *

दर्द इतना है कि छुपाऊं कैसे।
लोग पूछते हैं वज़ह दर्द की,
नाम तेरा बताऊं कैसे

* * *

पीड़ा में है तन मन में कोई भाव नहीं
नैनों में अश्रुधार है हमारा हममें कुछ नहीं।

* * *

आसमान में उड़ने वाला कब तक पंख फैलाएगा।
थक कर एक दिन वो भी जमीन पर ही आएगा॥

* * *

होठों से छूते ही खुशबू से अपनी मोह लेती हो,
"हाय" तुम तो मेरी कुल्हड़ वाली चाय जैसी हो।

* * *

जिंदगी के दो रंग, कभी खुशी कभी गम।
खुशी को बढ़ाकर, गम को कर दे कम,
एक खाली गिलास और भरी बोतल रम॥

* * *

इतना ना डुबाओ मुझे अपने प्यार में, कि
मैं पारले-जी बिस्किट बन जाऊं।
ओर तुझे चखने से पहले ही,
तेरी चाय में फ़ना हो जाऊं॥

* * *

जिनसे हैं मीलों दूर के फासले, वो करीब दिखते हैं।
जो करीब है मेरे, वो ईद का चांद लगते हैं॥

* * *

भरी महफिल में भी मेरा ध्यान कर देती है भंग।
मेरे हाथों पर तेरी उंगलियों की, वो हल्की सी छुअन॥

* * *

इश्क में मिला दर्द, क्यों रात को ही दुखता है,
ये अंधेरा क्यों इतना भीगा-भीगा रहता है।

* * *

किसी ने पूछी कल प्रेम की परिभाषा, हमने कहा,
"आंख में आंसू फिर भी दिल में उसी की अभिलाषा"

* * *

मेरे कांधे पर तेरा सर, "जैसे"
बिमारी में दवाई का असर॥

* * *

कितनी मचलती रहती हूं मैं, प्यार पाने के लिए
अरे कभी तो आए वो मुझे, गले लगाने के लिए।

* * *

सिमट गई वो बाहों में ऐसे।
समुंद्र के आगोश में खो जाती हैं लहरें जैसे॥

* * *

उन्होंने कहा हमसे, तुम खुश रहा करो,
हमने कहा, तुम रोज Love you कह दिया करो।

* * *

ऐ हवा तू गुलाल उड़ा ले जा, उसके मोहल्ले में।
धीरे से छूकर उसके गालों को,
शुभ होली कह दे कानों में॥

* * *

उसकी याद में तड़पना और मौन रहना,
बहुत कठिन है भावनाओं में लिपटे रहना।

* * *

प्यार कितना तुम्हें करते हैं कैसे समझाएं हम
हनुमान जैसे होते तो, दिल चीर के देख लाते हैं हम

* * *

भिगोकर मुझे अपनी यादों से,
खुद बारिश की बूंद सी फिसल गई।

* * *

इबादत की है तो ख्वाहिश भी पूरी होगी।
मुबारक ईद पर वो, गले तो मिलती होगी॥

* * *

काश कोई तों कहे मुझे, मुझे देखकर।
कि सकून मिलता है मुझे, तुम्हें देखकर॥

* * *

कहीं ना कहीं
ऐसा नहीं कि तुम ही तुम हो, मैं भी हूं कहीं ना कहीं।
अगर मैं कहूं मेरी सांसों में यादें हैं तेरी,
तो जिंदा हूं मैं भी, धड़कनों में तेरी कहीं ना कहीं॥

* * *